DONDE SE QUIEBRA LA LUZ

LIZETTE ESPINOSA

Donde se quiebra la luz
Primera edición, 2015

©de la obra:
Autora: **Lizette Espinosa**

Publicado por **Eriginal Books** LLC.
Miami, Florida
www.eriginalbooks.com

©Corrección: Chely Lima
©Fotografía de la portada: Leopoldo Gómez
  The Navajo nation special use permit No. 1576
©Ilustración interior a plumilla: Nunzio Mainieri
©Foto de la autora: Cesar Torres
©Diseño de portada: ENZOft Ernesto Valdes
©Maquetación: ENZOft Ernesto Valdes

ISBN: 978-1-61370-067-9

Todos los derechos reservados. Bajo las sanciones establecidas en el ordenamiento jurídico, queda rigurosamente prohibido, sin autorización escrita de los autores del copyright, la reproducción total o parcial de esta obra por cualquier medio o procedimiento, comprendidos la reprografía y el tratamiento informático, así como la distribución de ejemplares mediante alquiler o préstamo públicos

Impreso en Estados Unidos de América.

PRÓLOGO

Una voz de mujer, calma, reflexiva, habla de los paisajes cambiantes de su mundo interior, y es así como *Donde se quiebra la luz* narra la cotidianidad del deseo, la angustia y el reto de ser uno mismo en femenino, y de imponerse a los más afilados vericuetos del sendero personal –*camino sobre una cuerda floja / que cede a ratos probando mis agallas.*

En este su primer libro, Lizette Espinosa aparece con un estilo que ha cuajado para darle un perfil muy preciso, muy suyo, a esa forma de versificar con tanta sutileza, sin amaneramientos ni excesos de palabras. Las imágenes en las que se apoyan los enunciados del discurso poético son claras, simples y fuertes: *Una franja en el suelo me obliga / a apoyar el corazón hasta oír el disparo. / En cada aliento una bandada / de pájaros emigra.* La música del verso es refinada y entrañable.

Se termina uno el último poema y se regresa al principio, para repetir el ciclo en voz muy baja. Y es fácil apropiarse de lo que se cuenta allí, es fácil reflejarse en los cristales donde arden con la sobriedad del sueño lúcido las diminutas anécdotas y las metáforas que asoman un instante para volver a sumergirse después en la sombra quieta de lo que se intuye. Nada sobra, nada falta. El aliento es perfecto.

Chely Lima

Gracias

a Chely Lima, Leopoldo Gómez, Ana Cecilia Blum, Magali Alabau, Carlos Escamilla, Nunzio Mainieri y Cesar Torres, por su aporte a la realización de este cuaderno.

Gracias a los que siempre están, incluso entre las sombras.

A mi madre

DONDE SE QUIEBRA LA LUZ

¿Y esa luz? Es tu sombra
-Dulce María Loynaz-

Como una niña de tiza rosada en un muro muy viejo súbitamente borrada por la lluvia.
-Alejandra Pizarnik-

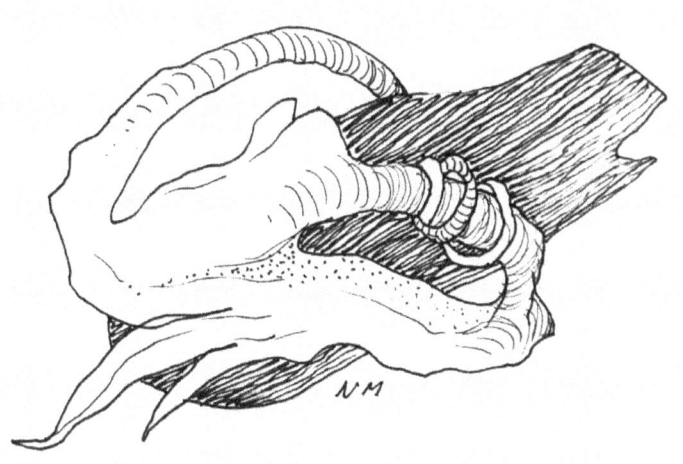

DONDE SE QUIEBRA LA LUZ

Donde se quiebra la luz
afloran desafiantes los abismos.
Es llano el sendero hacia sus lindes,
angosta su garganta.
Llevo de compañera una cigarra
en este andar a ciegas
donde solo se palpan las entrañas.
No sé qué encontraré entre la maleza,
temo a las alimañas que las pueblan.
Pero heme aquí de nuevo
con la boca repleta de mendigos
que buscan su sombra.

DE LA TIERRA

Soy tierra,
y de la tierra nace
mi voz primigenia.
Son de tierra los días
que amasan mis manos.
Soy verde,
grama húmeda recién podada
donde pastan los dioses.
Soy
principio y fin de un árbol.

TE CONOZCO

He sabido de ti, mujer,
de la raíz dañada y el deshoje
crucial para salir ilesa.
He vestido tus muertos y ungido
con el santo óleo a las memorias.
Te conozco, mujer,
sé del espacio exacto donde das
cabida a tus opuestos y logran cohabitar
manantial y sudario.
Sé de la gruta en los ojos
donde guardas tu invierno.
He sabido de ti, mujer,
me he sembrado en tu cuerpo.

CADA DÍA

Cada día camino sobre una cuerda floja
que cede a ratos probando mis agallas.
Cada día presumo que todo está resuelto.
Que no hay nada que hacer que no sea
llegar a la orilla y cazar un par de milagros.
Cada día una orilla.
Cada día un milagro.
Siempre la cuerda.

EL SALTO

Me habitan voces que vagan
a la espera de un salto.
Ese salto es una mano
que llama a la puerta
y se desangra.
Es una boca repleta
de besos y maldiciones
que no escupe.
Es una luz que escapa
donde no la alcanza
mi locura.
Es una niña,
que no busca salvarse.

NO BASTA

No bastaría una palabra,
tampoco un agujero,
tal vez un disparo,
un ladrido,
una mordida,
que me sacuda
y me devuelva al cauce
donde todas las inercias
se diluyen.
No bastaría una palabra,
pero tal vez el eco
pueda salvarme
de esta especie de muerte.

DE CÁÑAMO

He vivido el presagio.
He roto las puertas allí donde no he estado
-un breve salto en el orden-
todo lo que es ya ha sido antes.
Las piedras saben de mí,
voltean sus rostros a mi paso.
Y yo recién descubro mis pies de cáñamo.

ORFANDAD

El follaje me cubre donde
la ruta parece abandonarme.
Como el ala de un pájaro
que conoce todos mis secretos.
Me entiende, porque nos une
la mordida de un relámpago.
No pregunta.
No juzga.
No condena.
Me sigue, para que no padezca
la orfandad de los alucinados.

LA PAZ

Si se pudiera alcanzar la paz
como se alcanza una fruta.
Aquietar la turbulencia del alma
con una mordida y tragar
trozo a trozo la calma,
hasta que ruede por la cara
el zumo de la aparente quietud.

LA PEQUEÑA

Toda ropa es poca
para cubrir la desnudez
que trasciende la piel.
Todo abrazo es vano
para arrullar la niñez del alma.
He vuelto a ser la pequeña
que aguarda en la ventana
el regreso de todos.

TU MANO EN MI MEJILLA

Podría tu mano posada en mi mejilla
liberar ¡tantos pájaros!
Despertar la clemencia de los soles,
desenterrar al viento.
Podría devolver a mis bosques la lluvia,
desatar la mañana.
Sabría tu mano posada en mi mejilla
salvarme del destierro.

POZOS

Aunque agitaras tu mano
por mis guerras
no espantarías los pozos.
Hermosas bocas
que minan mi existencia
de espacios en blanco
donde todo calla,
se apaga,
se detiene.
Señuelos del alma
para quedar a solas con la nada.

ALMA EN PENA

Y qué decir a un alma
que se ha vuelto una ciudad a oscuras,
donde el único destello
son los ojos de un gato
que araña la noche.
Y qué hacer a unos ojos con barrotes
donde asoma una niña que no llora,
que se vuelve cenizas
cuando la luz la alcanza.
Y qué hacer con la vida
cuando se nace muerto,
y no basta el sol para salvarla.

AZUL

Una mujer camina hacia su lado azul,
sus labios escanciaron demasiados veranos
para quedar absuelta.
Una duna en los ojos ha debido ponerla
sobre aviso.
El viento y sus razones.
Una mujer -quizás-
ha debido escapar de sus recuerdos.
Pero calla la duna.
Pero escuecen los labios.
Pero el viento.

VACILACIÓN

A cada hora una razón deserta.
Un sorbo de coraje me bebe.
Una franja en el suelo me obliga
a apoyar el corazón hasta oír el disparo.
En cada aliento una bandada
de pájaros emigra.
Y el silencio retorna sudando frío
para aquilatar las esperanzas.
A cada minuto me pregunto:
¿Por qué no desisto?

AUSENCIAS

A mi padre

Te tuve poco,
y fueron cortas las palabras
que alcanzamos a decir
y fuerte el viento
azotando las distancias
que nunca salvamos.
Te lloro a veces,
con pocos recuerdos que asir
te lloro con un luto envejecido,
sepultado tras años
de absoluta mudez,
de no saberte.
Y aunque llevo adormecida
esa parte de mí donde te guardo,
hay días,
en los que llegan a buscarme
las notas de aquella canción
y todo estalla,
se quiebran las compuertas
y salen disparadas las ausencias
que siempre temí.

LA BELLEZA

La belleza se desborda
y no la nombro
por temor a mutilarla.
Mis ojos,
sedientas criaturas
que solo hallan consuelo
en sus abismos,
y en el dulce alarido
que provoca,
toda su desnudez.

SABERTE

Saberte, pretender que no existes
pero aun así saberte
compartiendo mi sombra.
Permitir que se alojen
en mis dedos tus rasgos
y no describirlos.
Verte caminar en puntillas
por el borde de mis ojos
y no pestañear,
para que no se espante
la memoria.

BORDES

En los bordes,
los límites,
las finas líneas.
Donde es preciso regular el pulso,
ajustar el aliento,
porque basta una palpitación
para caer en el abismo equivocado,
en las orillas de tu propia sed.

A VECES

A veces no basta la certeza
de esa efímera presencia
que nos ronda.

La sombra de un muro
donde apoyar el día,
que se desvanece
como un grito de lluvia.

DE FRENTE

De frente, desafiante,
apenas simulando
su obsceno andar sin pautas,
sin remilgos.

La verdad se me acerca,
y no la miro.

EL ÚLTIMO SILENCIO

Aposté el horizonte
y mis largas brazadas.
Aposté los remos
que empujaran los días.
La atarraya solo trae
el leve aleteo de la tarde.
He salido a vender
el último de mis silencios.

EL LOCO Y SU PERRO

Retazos de linaje cubren sus huesos.
(El perro le sigue)
El héroe loco.
El loco Coronel
con el pecho repleto de medallas.
Ristras de ajo.
Aplaude su lucidez, y le apena
el funeral del mundo.
El perro le sigue,
lame muertos de sus manos.

SI BASTARA

Si bastara con voltear el día
y dejar al dorso el contratiempo.
Si bastara acomodar el olvido
a nuestra mesa, hospedarle quizás.
Abrir puertas.
Si bastara romper el gesto,
adiestrar la mirada y seguir….
masticando en silencio la locura.

HÁBLAME

Háblame antes que el día escape
por las ventanas rotas
y se aglomeren las sombras en tu boca.

Háblame ahora
que todos han dejado de nombrarnos.

Ahora que tienes las manos llenas de sol
para pintar las paredes de esta casa,
donde se ponen flores al recuerdo.

AJENA

La inmensa paz
de no saber las cosas,
de estar fuera de alcance,
lejos del filo y la mordida.
La inmensa paz de estar
fuera del agua,
del juego,
de la eterna carrera.
La inmensa paz
de tener el sol para ti solo
calentando…tu inmensa muerte.

AL PIE DEL MURO

Al pie del muro llegan los lamentos,
crecen como plantas de sombra
(a buen resguardo).
Trepan, buscando altura
para arrojar su alarido.

A veces la pena necesita del sol
para lucir sus alhajas.

QUÉ HACER

Qué hacer con tantos atuendos
y sus costuras,
dobleces,
o artificios
para agradar al mundo.
Mi desnudez espanta
los cánones del día.
Es preciso cubrir
la propia esencia,
guardar en los bolsillos
el asombro,
la eterna fascinación,
la blanda lengua
para moldear abismos.
Es preciso arropar
la tempestad del pecho,
que insiste en mostrase
tal cual.

COSAS ROTAS

Es por toda cosa rota
o desprendida
que llevamos dentro,
provocando sonidos,
movidas,
pequeños desacoples,
que suturamos
por temporadas la sonrisa.

Alguien querrá acercarse
a escudriñar nuestra avería.

NUNCA SUPE

Llegaban las torcazas
al pequeño balcón
acarreando en sus picos
el futuro.
Yo les dejaba hacer,
sobre los tiestos
de mis días blancos
les dejaba acomodar
las esperanzas.
Ellas prestaban alas
a mi vuelo
y yo
vi la vida asomar
a sus negrísimos ojos.

PARQUE ALMENDARES

Sobre todas las cosas el invierno.
Sobre el río que lame el fondo
y es el fondo mismo.
Sobre todas las cosas el musgo.
Aliento de la muerte merodeando
en la hoja, el bote, la tarde.
Mi sombra junto al banco,
dando de comer al tiempo
su dosis de perdón.

HE VUELTO

He vuelto a cruzar aquellos campos.
He vuelto a derribar todas las verjas.
Gozosas custodias
de mi parca voluntad abandonada.
He vuelto a rendirme,
a los pies de la ausencia.

PUEDO SENTIRTE

A mi padre

Irrumpo junto al viento
en la casa solitaria.
Puedo cerrar los ojos
y sentirte.
Tus pasos como besos,
tu aroma como agua de montañas.
No has olvidado nada.
Las voces en la radio,
el café borboteando
su negro melodrama.
Y yo no abro los ojos,
para verte llegar de nuevo
hasta mi cama.

CONTEMPLACIÓN

Viajo en el sueño del agua.
Soy el sueño del agua.
La barca que reposa
sobre el agua dormida.
Soy la visión del pez
y su inocencia.

TAN CERCA

Está pasando todo y nada queda
tan lejos como para ignorarlo.
Las bocas que nos rozan también sobreviven.
Han puesto en subasta los andamios,
las urnas de cristal donde revolotearan
las certezas.
Han erigido nuevos monumentos.
La lluvia no consigue borrar los caminos
por los que hemos andado.
El polvo desconoce las fronteras.
Está pasando todo, tan cerca.

NOSTALGIAS

La casa en penumbras.
Afuera la brisa es un pueblo lejano.
El sillón se doblega bajo el peso de un canto.
Júrame que aunque pase mucho tiempo...
-tararea la abuela
que desgrana recuerdos a la luz de sus manos.

ECOS DEL SILENCIO

Desnuda la tarde de canciones.
Febril el ocio y sedienta la palabra.
Adolorido el rostro del ánima
que se cruza de brazos frente a mí.
Está de luto el gesto
y pálida la mano
que ha olvidado decir.

ENAJENADA

Una calle, una voz.
Autos, sombrillas.
Una ardilla trepando.
Un barco en la bahía.
Un Cristo mal clavado.
Una vida pariendo
esa otra vida.
Todo sigue su curso,
todo gira.
Tras la noche
sabes que vuelve el día.
Y todo se repite
y yo me salgo
saltando hacia la nada,
que es todo.
Y vuelvo a ser
esa luz que palpita
en la otra orilla.

TODOS HABLAN

Todos me hablan de naufragios.
La vieja cicatriz abre los ojos.
Dicen que son tibios los vientos
en esta playa y noble el suelo.
Dicen que es posible el rescate.
Ahora oscurece,
el aire tuerce los ojos y hace escupir
palabras que no saben de rumbos.
Yo sé de ciertos parajes…
Yo sé que he estado siempre
donde no se me nombra.

NO VI LLEGAR

No vi llegar la levedad a los espejos.
La súbita afición por las holguras.
Fueron cayendo una por una las cortinas,
los goznes suplicantes.
Hay una ebria condición que no rechazo
en esa ligereza que me embarga.
Como una túnica de gasa,
como un milagro
que de rodillas se ha pedido.

AMINORANDO

Aminorando la marcha
puedo sentir el roce de la tarde a mi costado.

Como un ave de paso, que te besa fugaz
y deja su mirada ardiéndote en la espalda.

SIGO

Sigo las huellas
estampadas en el asfalto.
Ellas señalan rumbos.
Auguran destinos.
Revelan intenciones
de llegar a alguna parte,
donde otras huellas se regresan.

LA LUJURIA

La lujuria ha encendido las pupilas
que navegan en la noche blanca,
desnuda, marmórea,
hambrienta de reflejos.

SE ANUNCIA

Se anuncia en cada campanada.
Nadie más que yo puede escucharla.

Nadie más
sabe ahogar a cada hora su penúltimo grito.

AGAZAPADO

Agazapado entre mis dedos está el sol.
Pasan de largo los veranos y no advierten
que justo allí despiertan todos los milagros.
Anda ligera la mañana por mi cuerpo.
Lame el silencio de mi piel, gira descalza.
Habrá que atar la palidez, cerrar los ojos,
para que ruede hasta la noche su venganza.

DÉJAME TUS OJOS

Déjame tus ojos
para mirar con ellos al mundo.
Tus ojos que solo guardan luz
y enormes velas.
Tus ojos,
que llegan siempre antes que el alba
para encender el fuego donde arderán
todos mis miedos.

LA NOCHE

La noche me sobrevuela,
me padece.
Algo de mí se queda en su memoria.
Algo de ella me sigue.
Juntas hemos bebido la flor de los delirios,
juntas hemos marchado.
Sobre sus largas piernas he sentado mi casa.
Sobre su piel oscura he lanzado mis dados.

SERÁ

Será como otras veces,
tú sentada en el tiempo
ignorando mis brazos extendidos.
Allí donde te sé
han puesto a mi nombre los destinos,
pero mi nombre es humo y evade la luz.
Aquí donde me ves
desato caballos en la noche.
Mi sangre rompe todos los cristales
pero tú nada escuchas.
Sigues sentada allí donde te escondo,
para que no te nombre la certeza.

TENDIDA

Tendida en la cima
de un día cualquiera.
Tendido el cuerpo.
Tendido el pensamiento.
Abiertas las manos.
Vacías.
¡Tan pequeñas!
Para asir apenas lo justo.
Lo que sobreviva al viento.

TODO

Todo lo que busco ha estado siempre aquí,
poniendo zancadillas a mi terco andar
por las ramas.

I

La mañana camina desnuda
sobre la palma de mi mano.
Su belleza duele,
en estos ojos
que no quieren cerrarse,
que no deben.

II

LENTO
así quiero andar
por mi historia
para no perder
la gestación
de los MILAGROS.

HILANDO AMANECERES

Hilando amaneceres.
Sobreviviendo al estampido,
he logrado juntar un par de verdades,
(si no absolutas al menos convincentes)
para llenar mis alforjas
y emprender el camino contrario.

ACERCA DE LA AUTORA

Lizette Espinosa: Poeta cubana nacida en La Habana, Cuba, (1969).
Ha desarrollado su vida profesional en el campo del diseño aplicado a la arquitectura y la ingeniería. Es co-autora de: *Pas de Deux*, libro de poemas y relatos publicado en el año 2012 por Snow Fountain Press, ganador del International Latino Book Awards 2014 en la categoría de poesía.
Poemas suyos han sido incluidos en diferentes blogs y revistas literarias como *Gaspar, El lugareño, Project Zu, Metaforología Gaceta Literaria, Dominicana en Miami, Conexos, Baquiana, Nagari, y Suburbano.*
En el 2014 fue invitada al Festival Atlántico de Poesía: "De Canarias al mundo", donde ofreció un recital poético en la Biblioteca Insular de Las Palmas de Gran Canaria, España.
Actualmente reside en Miami, Florida.

ÍNDICE

DONDE SE QUIEBRA LA LUZ	19
DE LA TIERRA	20
TE CONOZCO	21
CADA DÍA	22
EL SALTO	23
NO BASTA	24
DE CÁÑAMO	25
ORFANDAD	26
LA PAZ	27
LA PEQUEÑA	28
TU MANO EN MI MEJILLA	29
POZOS	30
ALMA EN PENA	31
AZUL	32
VACILACIÓN	33
AUSENCIAS	34

LA BELLEZA	35
SABERTE	36
BORDES	37
A VECES	38
DE FRENTE	39
EL ÚLTIMO SILENCIO	40
EL LOCO Y SU PERRO	41
SI BASTARA	42
HÁBLAME	43
AJENA	44
AL PIE DEL MURO	45
QUÉ HACER	46
COSAS ROTAS	47
NUNCA SUPE	48
PARQUE ALMENDARES	49

HE VUELTO	50
PUEDO SENTIRTE	51
CONTEMPLACIÓN	52
TAN CERCA	53
NOSTALGIAS	54
ECOS DEL SILENCIO	55
ENAJENADA	56
TODOS HABLAN	57
NO VI LLEGAR	58
AMINORANDO	59
SIGO	60
LA LUJURIA	61
SE ANUNCIA	62
AGAZAPADO	63
DÉJAME TUS OJOS	64
LA NOCHE	65
SERÁ	66

TENDIDA	67
TODO	68
I	69
II	70
HILANDO AMANECERES	71
ACERCA DE LA AUTORA	73

www.ingramcontent.com/pod-product-compliance
Lightning Source LLC
Chambersburg PA
CBHW031450070426
42452CB00037B/449